Spannende Fakten über Trymacs
Von Teewurstüberkonsum und einem Rückenschalter

AF221525

Herold zu Moschdehner

Spannende Fakten über Trymacs

Von Teewurstüberkonsum und einem Rückenschalter

Bibliografische Information der Deutschen
Nationalbibliothek
Die Deutsche Nationalbibliothek verzeichnet
diese Publikation in der Deutschen
Nationalbibliografie; detaillierte bibliografische
Daten sind im Internet über http://dnb.d-nb.de
abrufbar.

ISBN   9783754330036

Copyright (2022), Herold zu Moschdehner
Herstellung und Verlag:
BoD – Books on Demand, Norderstedt
Alle Rechte bei dem Autoren.

14,99 Euro

Du bist Fan von Trymacs? Sehr gut. Dann folgst Du jemanden, der normal moralisch seinen Weg geht. Nimm an, was er ausgibt und sieh dieses Buch einfach als lustige und satirische Hommage an Dein Idol.

Liebste Feingrüße
Dein Herold zu Moschdehner

Mit 8 Jahren hat er eine ganze Teewurst geschluckt. Diese ist ihm beim Jonglieren versehentlich in den Schlund gerutscht. Noch heute hat er manchmal Teewurstgeschmack im Mund. Einzig und alleine Cola neutralisiert.

Seine erste außerkörperliche Erfahrung erschreckte ihn so sehr, dass er schnell wieder in seinen Körper ist.

Trymacs ist Doktor der biblischen Archäologie

Unter seinem StreamingSetup lebt ein genmanipulierter Menschenzwerg in einer ausgehöhlten Mikrowelle.

Das Sprichwort: „Alles hat ein Ende, nur die Wurst hat zwei" stammt von ihm. Er hat es das erste Mal benutzt, als er auf dem Schulhof eine Bockwurst verlor und blitzschnell einen Zipfel greifen konnte.

Er spart Strom

Trymacs hat eine Freundin und wünscht sich 18 Enkel.

Sein Lieblingsautor heißt Herold zu Moschdehner

Hinten an seinem Rücken befindet sich ein Schalter. Dieser wird bei seinem Boxkampf aufwendig abgeklebt.

Er hat noch nie ein Lagerfeuer erlebt.

Heftige Allergiereaktionen bekommt er bei
Tulpen, Rothaarige und Tümpelwasser

Folgende Schimpfwörter hat er sich abgewöhnt:

Köddelflupper
Mutterknicker
Angsthosenmann
Schuldnerboy

Er hat mal in eine Decke geschlagen

Er hat übrigens mal in eine Decke geschlagen

Sein Hauptmikrophon ist so groß, wie eine kleine Bierdose.

Ich sag nur: Geschenkpapier

Eine seiner größten Schwächen: Er kann mit seiner Zunge seine Brustwarze nicht erreichen.

Sein Lieblingsburger besteht aus:
Quetschbrot mit Rinderfladen, Rotkraut, Senf,
Zwiebelschmalz, Sprotten

Trymacs ist noch nie mit einem U-Boot von Bobitz nach Stralsund gefahren.

Seine typischste Anfangsfrage, wenn Kommunikation begonnen wird: Brei oder Pampe?

In Winterhude gibt es ein 5SterneRestaurant, dem Trymacs einen 6 Stern verliehen hat.

Hier ein selbstgemaltes Bild von Trymacs: